EL ÉXITO TE ESPERA

11 PASOS PARA HACER POSIBLE TU SUPERACION PERSONAL

GAMALIEL PRINCE

Primera edición

Año 2020

Prohibida la reproducción parcial o total de este libro, por cualquier medio o método, sin previa autorización del autor.

Gamaliel Prince es Administrador de Negocios Internacionales con una necesidad nata de emprender, y además ha incursionado en negocios como laboratorio de análisis químico, turismo, importaciones, intraday, entre otros. Además, ha publicado libros como *"El éxito te pertenece: Aprende cómo conseguir todo lo que quieres"* y *"Aprende cómo vencer tus miedos de forma eficaz"*

Desde los inicios de su alma emprendedora, ha buscado la manera de entender la forma en la que piensan y actúan las personas exitosas, encontrando en este comportamiento una filosofía de vida.

INDICE

Introducción 7

Paso 1: Entender la diferencia entre ser un perdedor y un ganador 10

Paso 2: Identifica tus fortalezas y debilidades 16

Paso 3: Plasma tus sueños: Define tus metas, objetivos y estrategias 23

Paso 4: Fortalece tu mente 29

Paso 5: Aprende de personas exitosas 50

Paso 6: Distribuye tu tiempo eficientemente 55

Paso 7: Sal de tu zona de confort 60

Paso 8: Nunca dejes de creer en ti 66

Paso 9: Construye hábitos positivos y elimina negativos 72

Paso 10: Practica la ley de la atracción ... 79

Paso 11: Mejora continuamente 86

Resumen del proceso de éxito 93

Conclusiones 96

Introducción

Te has preguntado alguna vez ¿por qué no todas las personas consiguen todo lo que desean?

Si comenzamos a pensar en las personas exitosas alrededor del mundo, podremos decir que son muchas, pero si las comparamos con la cantidad de población del planeta, reflejan una minoría.

El éxito puede medirse de distintas maneras, para algunos puede ser volverse reconocidos por las actividades que realizan, para otros obtener el dinero suficiente que les permita dejar de preocuparse, o conseguir el estado de paz espiritual que los conecte con sus creencias.

No importa cuál sea el tipo de éxito al cual quieras llegar, todos tienen en común el mismo proceso, por tal motivo, conocer los pasos que debes desarrollar y fortalecer para alcanzarlo, te brindará el soporte técnico para que puedas ejecutarlo de la mejor manera posible, sin procrastinar ni dejarlo por miedo a equivocarte.

Este libro ha desarrollado los once pasos que te llevarán al éxito, por tal motivo, es importante no saltarse ninguno de ellos. A más practiques cada uno de los pasos mencionados, tendrás la oportunidad de conseguir lo que deseas en el menor tiempo posible.

Nunca olvides que somos seres humanos que no dejamos de aprender y mejorar, y por más que vayas desarrollando cada uno de los pasos, es bueno los vayas enriqueciendo cada cierto tiempo para que así exista una concordancia completa con tu crecimiento personal.

Paso 1: Entender la diferencia entre ser un perdedor y un ganador

Por naturaleza se sabe que el ser humano siempre ha sentido miedo. Desde la época de los hombres primitivos el principal miedo era el de la muerte, los atemorizaba constantemente el tener que morir de hambre, frío o devorados por animales salvajes. El instinto de supervivencia afloró desde entonces, aquella fuerza que consiguió a lo largo del tiempo dominar el mundo sobre cualquier animal que exista.

Por supuesto que desde aquellas épocas existían también ganadores y perdedores, ya que, mientras unos lucharon por sobrevivir, otros dejaron su destino a la suerte. El tema aquí no va que esté bien o mal que alguien tenga miedo, la cuestión es si lo afronta o se deja intimidar.

Suelo definir tres tipos de personas según su relación con el miedo: las primeras son las que asumen su miedo, lo dominan, toman el riesgo y actúan; las segundas son aquellas que tienen miedo y necesitan que alguien les brinde el soporte emocional para hacerlo, y las terceras son las que tienen miedo, no pueden dominarlo ni con apoyo emocional de terceros, y se terminan limitando por completo.

Si nos ponemos a pensar en el mundo actual en que vivimos, es muy fácil identificarlos, el que domina su miedo puede ser aquel líder que, sin importar las limitaciones, busca las formas y recursos para conseguir sus objetivos, saca los pretextos a un lado para volverlos puntos de fortalecimiento continuo. El que necesita apoyo emocional, se le puede reconocer como la mano derecha de aquellos líderes, o también son aquellos que reciben asistencia emocional de personas que ejerzan influencia sobre ellas, se atreven siempre y cuando sepan que cuentan con un respaldo emocional. Por último, están los se limitan del todo, ellos son los que únicamente reciben órdenes en temas repetitivos y controlados por su zona de confort, no son capaces de asumir nuevos retos ni responsabilidades.

Para poder hablar de quiénes son perdedores, si nos vamos directamente al significado textual, son *"aquellos que dejan o abandonan algo";* en resumidas cuentas, hablando de éxito personal, son aquellas que se rinden cuando sienten que algo es complicado, o no les ha ido bien cuando lo han intentado. Entonces, para cerrar la idea, si no te rindes y sigues intentando no eres un perdedor, sigues siendo alguien que está en camino a ser un ganador.

¿Por qué es importante saber si eres un perdedor o un ganador?

Aunque se te haga difícil creerlo, la mayoría de personas tenemos incorporada en nuestra mente el ego y vanidad que nos limita a ver más allá de lo que quiere mostrarnos. Muchas veces nos volvemos seres limitados y conformistas por el simple hecho que eso nos mantiene en nuestra zona de confort, lugar en el cual nos sentimos fuertes y poderosos, cuando en realidad deberíamos darnos cuenta que somos débiles, miedosos e inestables.

¿Cómo puedo saber si soy un perdedor?

Ya hemos definido lo que significa ser un perdedor, para identificar si lo eres tendrías que responder a las preguntas: ¿Tienes objetivos definidos?, ¿has cumplido esos objetivos?, de no haberlos cumplido, ¿sigues trabajando para conseguirlo o desististe?, de haber desistido, ¿lo hiciste por un objetivo superior o porque consideras que no eres capaz?

Para poder mejorar, siempre es indispensable saber en qué situación nos encontramos, sin importar que seas un perdedor o ganador, de actuar como un ganador podrás incorporar estrategias que te ayudarán a mejorar los resultados que quieres conseguir en un menor tiempo. Si te identificas como un perdedor (actualmente), eso puede cambiar de forma inmediata, pues solo bastará tu voluntad por cambiar de actitud y volverlo a intentar, volviéndote inmediatamente en un aspirante a ganador.

Para dejar más clara la diferencia entre un

perdedor y un ganador, me gustaría que tomemos como ejemplo distintas etapas de la vida de una persona, en este caso centrándonos al crecimiento personal basado en los estudios.

Cuando uno va a la escuela tiene como meta principal terminar todos los años que esta signifique; sin embargo, como el plazo es tan largo, debemos de concentrarnos en metas más pequeñas que vayan alimentándola, estas metas pueden desglosarse desde aprobar un examen, culminar adecuadamente un semestre, acabar satisfactoriamente el año de estudio, y culminar los estudios completos de la escuela. En cada una de esas metas existen retos que debemos de superar, y por las cuales nos preparamos y esforzamos.

Si superas un examen se puede decir que eres un ganador, si lo repruebas no podemos decir necesariamente que seas un perdedor, porque si aprendes de tus equivocaciones y las fortaleces preparándote mejor, tu camino al éxito estará tomando un rumbo adecuado. Es más, al final del año escolar puedes culminarlo satisfactoriamente, haciendo que cumplas tus objetivos y manteniéndote como un ganador. El conseguir un logro no significa que debas relajarte, lo que significa es que estás haciendo las cosas bien, y debes de mantenerte por la misma línea, aún no consigues la meta principal, y así hubieras conseguido la meta principal, siempre surgirán nuevas metas correlacionadas. No te preocupes, con el transcurrir de los años irás tomando conciencia de cuáles serán las nuevas metas a cumplir.

Retomando el caso del estudiante, puedes ser un ganador culminando el primer año, pero quizás no culmines el tercer año, y dejes tus estudios de lado, volviéndote un perdedor en ese aspecto académico de tu vida.

La idea que deseo que interiorices en ti es que, por más que nosotros consigamos obtener objetivos que nos vayan llevando rumbo a ser unos ganadores, la consecución de estos no garantiza que sigas haciéndolo eficientemente, a menos que tu cuentes con la convicción y desarrollo mental necesario para continuar sin distracciones. Un ganador puede con el tiempo volverse un perdedor, y un perdedor de forma inmediata puede convertirse en un aspirante a ganador, o directamente en un ganador.

Paso 2: Identifica tus fortalezas y debilidades

Las fortalezas son cualidades positivas que poseemos y potencian las cosas que hacemos, como ejemplo podríamos mencionar el poseer una gran autoestima que nos permite desenvolvernos en cualquier ámbito, también podríamos mencionar como fortaleza a la inteligencia emocional, la cual facilita actuar objetivamente en las decisiones que se vayan a tomar.

Cuando hablamos de debilidades estamos refiriéndonos a actitudes negativas que nos obstruyen al cumplimiento de nuestros objetivos. Podemos mencionar como ejemplo al pesimismo, o también a la flojera.

Sin importar que fortalezas y debilidades tengas, la gran noticia para ti es que ambas se pueden mejorar, para ello primero tendrás que identificar cuáles son.

¿Cómo identificar nuestras fortalezas?

Para poder identificar nuestras fortalezas debemos respondernos las siguientes preguntas:

- ¿Qué fortalezas consideras que van contigo?
- ¿Qué actividades disfrutas hacer?
- ¿Por qué disfrutas de esas actividades?
- ¿Qué cualidades notan los demás en ti?

- ¿En qué cosas sientes que eres muy bueno?
- ¿Qué actividades te hacen sentir orgullo?

Por supuesto que pueden existir muchas más preguntas para definir tus fortalezas, aunque las indicadas anteriormente son las primordiales para entender tus principales fortalezas. Debes responderte lo más sincero posible, no dejes que el ego interfiera en tus respuestas.

¿Cómo identificar nuestras debilidades?

Para poder identificar nuestras debilidades debemos respondernos las siguientes preguntas:

- ¿Qué debilidades consideras que tienes?
- ¿Qué actividades no disfrutas hacer?
- ¿En qué situaciones consideras que no haces bien las cosas?
- ¿Qué debilidades te han dicho que posees?
- ¿Qué actividades o situaciones preferirías no tener que hacer?
- ¿Por qué no quieres hacer esas actividades?

La idea de tener claras nuestras debilidades y fortalezas es contar con ventaja al momento de tomar decisiones y afrontar todo tipo de situaciones. Para ello debemos tener presente cómo abordar nuestras debilidades para evitar que arruinen nuestros proyectos, y cómo potenciar nuestras fortalezas para maximizar nuestros resultados positivos.

¿Cómo abordar nuestras debilidades?

El primer paso es identificarlas y aceptar que son parte de ti, eso te ayudará a estar con pleno conocimiento de cómo eres, y aceptarte tal cual.

El segundo paso inmediato es trabajar mentalmente tu forma de actuar al momento de encontrarte en las situaciones que afloran tu debilidad. Por ejemplo, si sabes que tienes la debilidad de ser pesimista con todas las oportunidades que aparecen, desperdiciando así el conseguir más de lo que has podido hasta el momento, tu mente debe trabajar imaginando situaciones donde vas a decir que sí es posible, y a su vez tendrás que mentalizar los beneficios que conseguirás una vez concluyas el proyecto. Tienes que visualizar los resultados positivos, más adelante hablaremos sobre el tema de cómo conseguir una mente positiva.

El tercer paso es afrontar con firmeza lo trabajado en los dos pasos anteriores, no debes flaquear en ningún momento, recuerda que, si tu mente está enfocada de forma positiva, actuará según la trabajaste.

El cuarto paso es evaluar si actuamos correctamente, de no haberlo hecho volver a los pasos anteriores nuevamente.

El quinto paso es tener en cuenta que no importa que hayas podido afrontar exitosamente tu debilidad una vez, esta siempre puede estar latente, así que antes de actuar tenemos que tenerla presente, asumiendo los 3 primeros pasos para enfrentarla.

¿Cómo potenciar nuestras fortalezas?

Al igual que con las debilidades, el primer paso es identificarlas y aceptarlas como parte de ti.

El segundo paso es ponerlas a prueba para determinar hasta qué punto esas fortalezas funcionan, en otras palabras, sería llevarlas hasta el límite, solo así podrás determinar si dentro de esas fortalezas hay puntos por mejorar.

Como ejemplo a lo mencionado en el párrafo anterior, asumamos que posees la fortaleza de trabajar bajo presión para el cumplimiento de tus objetivos personales. Sin embargo, todos sabemos que por desgracia nuestras capacidades están limitadas por el tiempo, no puedes hacer más de lo que humanamente es posible, esto te puede llevar a si bien tienes la capacidad de trabajar al máximo de tus capacidades, limitarte a su vez de ellas mismas, aquí una forma de potenciar esta fortaleza podría llevarse a aprender a liderar equipos de trabajo, tanto puede ser para tus actividades dentro de una empresa, o para tus proyectos personales, si sabes liderar podrás delegar y hacer un seguimiento de los avances y resultados, consiguiendo así tus objetivos en un menor periodo de tiempo.

El tercer paso es evaluar los resultados, de no haber conseguido una mejora, tendrás que volver a los pasos anteriores.

Tiene que quedar claro que tus fortalezas y debilidades son parte importante dentro de tu proceso de éxito, no basta con trabajar una de ellas, tienes que trabajarlas en conjunto, usualmente las personas solo nos basamos en identificar las debilidades que tenemos, dejando de lado las fortalezas que poseemos, simplemente porque desde siempre ha sido así.

Por ejemplo, suele suceder en la escuela que los niños tengan dificultad en aprender ciertas materias, siendo una de las más comunes las matemáticas, los padres junto a los profesores, al notar esta situación, buscan reforzar esa debilidad, contratando profesores particulares que te enseñen, o haciendo te quedes en clases de reforzamiento dentro de la escuela. Esta medida es correcta y está bien, pero no debería ser lo único en lo cual deberían estar dirigidos nuestros esfuerzos.

Cuando menciono que no debería ser el único lugar donde deberían dirigirse los esfuerzos, me refiero a que no debemos descuidar nuestras fortalezas, es más, deberíamos de trabajar al mismo nivel nuestras fortalezas, para potenciarlas. Quizás el niño tiene facilidad para dibujar, así que no estaría mal enviarlo a clases de dibujo, donde pueda aprender técnicas, y a utilizar distintos tipos de materiales, o a clases de diseño gráfico, para que pueda aprender cómo utilizar los programas de diseño, al culminar la escuela con estas habilidades fortalecidas, esta persona tendrá mejores opciones para asumir el rumbo correcto de su éxito.

Paso 3: Plasma tus sueños: Define tus metas, objetivos y estrategias

Si quieres iniciar un proceso exitoso que te lleve a conseguir lo que deseas, tendrás obligatoriamente que definir cuáles son tus metas y objetivos, sin ellos no podrás dirigir tu camino.

¿Es fácil definir nuestras metas y objetivos?

Todas las personas en nuestra mente tenemos visiones de lo que deseamos alcanzar, estas visiones nos muestran qué queremos conseguir (metas), pero también sabemos que por más que soñemos, estos sueños tienen que alimentarse del cumplimiento de ciertos logros (objetivos), mediante acciones que permitan desarrollarlo paso a paso (estrategias).

No existe una máquina de deseos, ni el genio de la lámpara mágica que acuda a nosotros para pedir lo que tanto soñamos, esto no significa que sea imposible, sino más bien que debemos realizarlo planificadamente para exponenciar todas nuestras oportunidades.

Será fácil definir nuestros objetivos siempre y cuando nos concentremos en definir qué cosas necesitamos ir consiguiendo, para que la sumatoria nos lleven a nuestro sueño concretado (meta).

Un ejemplo muy claro de cómo se consiguen las metas mediante objetivos es Jeff Bezos, el dueño de Amazon, quien estudio computación e

Ingeniería eléctrica, trabajó en empresas recibiendo salarios que le permitían vivir tranquilo, sin embargo, siempre tuvo el sueño de tener un ingreso económico que no lo limite, y desde que comenzó a saber del internet, se visualizó con una empresa importante en ella que le genere el rendimiento económico que deseaba. Así es como se decide incursionar en el mundo de ventas de libros por internet.

Obviamente que para llegar a donde está, tuvo que plantearse diversos objetivos, uno de los primeros sin duda debió ser conseguir financiamiento para solventar los gastos operativos de su primera empresa que fue una librería virtual (cadabra.com), su segundo objetivo conseguir que su marca llegue a ser conocida por todos, y así infinidad de objetivos, que en conjunto estaban enlazados para lograr lo obtenido el día de hoy; cuando una persona consigue una meta, estas puedes ir evolucionando, convirtiéndose en nuevas.

¿Cómo definir mi meta?

La meta es fin por el cual nosotros realizamos diversas acciones, es lo que soñamos conseguir, para definirla tenemos que respondernos las siguientes preguntas:

- ¿Qué deseo conseguir?

- ¿Cómo me visualizo habiéndolo conseguido?
- ¿Es factible conseguirlo?
- ¿En cuánto tiempo debo conseguirlo?

Las metas que nos planteemos tienes que ser reales, quizás establecer metas a muy largo plazo puedan orientar el incumplimiento de las misma, por ello es recomendable establecer metas en los tres niveles, los cuales son a corto plazo, mediano plazo y largo plazo.

Las de corto plazo alimentarán a las de mediano plazo, y las de mediano plazo a las de largo plazo, esta es una manera de permitir que nuestra mente obtenga la motivación para continuar.

¿Cómo puedo definir mis objetivos?

Ya que tenemos definidas cuáles son nuestras metas, el siguiente paso es definir cómo podremos cumplirlas, para ello tenemos que establecer cuáles son los pasos que debemos ir cumpliendo.

Como se mencionó más arriba, los objetivos son las acciones que uno debe ejecutar y conseguir para lograr las metas. Esto significa que debemos plantear lo que debemos hacer para conseguir las metas, para ello debemos respondernos primero:

- ¿Cuál es la meta que deseo cumplir?
- ¿Qué beneficios obtendré?
- ¿Qué acciones debo realizar para conseguir la meta?
- ¿Cuál es el tiempo en que debo tener resultados?
- ¿Es posible conseguir esos objetivos?

Al igual que las metas los objetivos se clasificarán en 3 niveles, los cuales son a corto, mediano y largo plazo.

Así que ya sabes, es el momento de establecer tus metas y objetivos.

¿Cómo definir una estrategia?

Es necesario que tengas claras tus fortalezas, debilidades, metas y objetivos para diseñar las estrategias que te llevarán a cumplirlas. Las estrategias son planes que te ayudarán a resolver cualquier tipo de situación al que te enfrentes.

Es diferente actuar solo por instinto, al hacerlo sabiendo cuáles son las formas más eficientes de hacerlo, tus posibilidades de éxito aumentan considerablemente si defines tu plan de acción.

Para poder definir tus estrategias necesitas responderte las siguientes preguntas:

¿Qué objetivos tengo?
¿Qué herramientas poseo? (fortalezas)
¿El objetivo es alcanzable?
¿Qué tareas debo realizar para que se cumplan mis objetivos?

Con esas preguntas podrás establecer las estrategias que requieres.

Si continuamos con el ejemplo de Jeff Bezos mencionado en el apartado de objetivos, se menciona el objetivo de *conseguir que la marca sea conocida por todos*, para ello pudo utilizar la estrategia de marketing digital mediante publicidad de pago en plataformas como Google, para hacer visible su página web cada vez que alguien busque libros.

La verdad es que las estrategias pueden partir de ser generales a muy específicas. Aquí tú determinarás qué tan especificas pueden llegar a ser según tus necesidades.

Paso 4: Fortalece tu mente

Si estás buscando conseguir el éxito, la única manera que te permitirá afrontar cualquier tipo de situación, por más difícil y dolorosa que pueda ser, es desarrollar una mentalidad que este fortalecida.

La forma que eres y en la que actúas está definida por tu mente, por ello la importancia de trabajarla y fortalecerla.

A continuación, desarrollaremos los puntos que debes fortalecer:

1. Destruye los paradigmas de tu cabeza

Los paradigmas son patrones de comportamiento que nuestra mente tiene como verdades absolutas, estos pueden ser trasmitidos por la sociedad en la que vivimos, percepción sesgada o experiencias en el pasado, un ejemplo podría ser pensar que el hijo de un ladrón será ladrón, o solo pueden ser ricos quienes nacieron ricos.

Imagina un mundo donde los paradigmas dominen a todas las personas. Como ejemplo imaginemos encontrarnos antes que se pudiera desarrollar los aviones o cualquier medio que nos permita volar por los cielos, te aseguro que existía el paradigma de que volar solo era para las aves, que hubiera sucedido si realmente todos los seres humanos hubieran pensado igual, para nuestra suerte existieron distintos estudiosos que pensaron era posible, y fueron desarrollando a lo largo de los años la tecnología necesaria para conseguirlo.

Los paradigmas nos afectan constantemente, al limitar nuestra mente a no pensar de otra manera, aquellas personas que tienen la capacidad de hacer de lado los paradigmas, poseen mayores posibilidades de tener éxito.

Si has llegado hasta este punto ya habrás entendido que los paradigmas están hechos para romperse, ahora que lo sabes es momento de romper los que posees.

¿Cómo identificar los paradigmas que tengo?

Para saber qué paradigmas tienes, debes analizar tu día a día, cuando juzgas algo o alguien sin conocerlo, o piensas que hay cosas que son imposibles, automáticamente ya estas limitando tu mente a no tener otros puntos de vista.

Partiendo desde ese enfoque, desde ya existe un paradigma incorporado en lo más profundo de tus pensamientos, por lo cual para identificar los que tienes, debes de hacerte las siguientes preguntas:

¿Qué pensamientos tengo pre definidos en mi mente? (aquellos que sin pensar ya considero absolutos).

¿En qué situaciones tengo una manera de pensar pre definida?

¿He intentado verlo desde otro enfoque?

¿Realmente es imposible cambiar el enfoque que tengo?

Una vez que tengas definidos los paradigmas que hacen parte de tu forma de pensar, el siguiente paso es destruirlos, porque ya sabes que son ajenos a una realidad absoluta, y mantenerlos solo producirá una desventaja.

¿Cómo destruir un paradigma?

Para romper un paradigma tenemos que ver las cosas diferentes a lo que normalmente hacemos, para ello tomaremos como ejemplo el paradigma de **"el tiempo no alcanza para hacer todas las cosas que quisiera"**, este paradigma podría limitarte a emprender un negocio fuera del trabajo que puedas tener, ya que, consideras que las horas libres que tienes están fuera de un horario habitual de trabajo para atender a tus potenciales clientes.

En verdad, cuántos no nos hemos limitado en algún momento asumiendo que no podemos producir más dinero del que nuestro cuerpo nos permite hacer, sin embargo, tenemos que considerar que existen otras posibilidades de emprender sin tener que estar físicamente todo el tiempo en ese negocio, entre ellas puede ser tercerizar parte del trabajo (solo supervisar en tus horas libres), asociarte con alguien brindando el *know how* y supervisión mientras ella realiza el trabajo operativo, si comenzamos a enumerar más posibilidades, estas irán apareciendo, del ejemplo presentado podemos concluir que para romper un paradigma necesitamos:

- Identificar la situación exacta en el que aparece el paradigma.
- Evaluar si existen otras posibilidades a tu manera de pensar actualmente.
- Determinar la factibilidad de esas posibilidades.
- Considerar los beneficios que obtendrás si rompes el paradigma.
- Aplicar uno de los nuevos puntos de vista en nuestras acciones.

Ya que entiendes qué son los paradigmas, cómo identificarlos y desaparecerlos de tu mente, te invito a practicar esta actividad, te aseguro que en un corto plazo tu vida habrá cambiado para bien.

2. Domina tus miedos

El miedo es aquella sensación que invade tu cuerpo cada vez que tu mente se siente dominada por la situación, al creer que te encuentras en peligro o que ocurrirá algo en contra de lo que deseas.

No existe persona alguna que pueda decir que nunca sintió miedo, desde los primeros hombres de la humanidad hasta la persona más exitosa que imagines en el mundo lo han sentido. El miedo es un limitante natural que nos impone una barrera hacia el éxito.

Cada persona desarrolla distintos tipos de miedo, mientras algunas tienen miedo a las alturas, otras pueden tener miedo a las arañas.

Un miedo que podemos generalizar es el de la muerte, por ello nuestro instinto siempre trata de ponernos en buen recaudo cuando nos encontramos en situaciones que puedan afectarnos mortalmente; los otros tipos de miedo ajenos a él, sin tener consecuencias mortales, causan un desequilibrio en las personas como si de ello se tratara.

Quien logra dominar sus miedos se encuentra en ventaja sobre las demás personas, muchas se limitan por el miedo a lo desconocido (se sienten seguras dentro de su zona de confort), dejando pasar oportunidades que pueden darles el tipo de vida que desean tener.

Como se mencionó, todas las personas tienen algún tipo de miedo a lo largo de su vida, el problema no se encuentra en que alguien pueda tener miedo, sino más bien en cómo maneja ese miedo para no limitarse. Por ello, es importante mencionar las desventajas que nos ocasiona tener miedo:

- Las formas de actuar ante situaciones son instintivas y no objetivas.
- Se pierde el sentido de la realidad.
- Solo se ve lo negativo de la situación.
- No permite tener otros puntos de vista.

¿Cómo enfrentar el miedo?

Es necesario para poder enfrentar nuestro miedo, el seguir un conjunto de acciones que nos ayudaran a dominarlo, para que no repercutan en nuestras decisiones, a continuación, podrás ver una secuencia efectiva para que puedas dominar tus miedos:

1) Reconoce qué miedos tienes y acéptalos como parte de ti: Solo aquel que acepta sus miedos será capaz de idear un plan para superarlos.
2) Entiende la raíz del miedo (por qué se origina): Entiende la raíz principal del miedo, en

verdad te afectará tanto como piensas o tu mente está imaginando cosas que en la práctica no son tan fatales como piensas.

3) Identifica que problemas te ha generado: Obtén información de que consecuencias negativas está creando el miedo en tu día a día, así sabrás el impacto que tiene en ti.

4) Identifica que beneficios dejaste de percibir: Cuántas oportunidades has dejado pasar debido a tus inseguridades, esto te ayudará a recapacitar sobre ellos.

5) Proyéctate mentalmente sin ellos: Para poder motivarte a conseguir superar tus miedos, debes proyectarte mentalmente sin ellos para sentir los beneficios de no dejarte dominar por ellos.

6) Prepara estrategias para enfrentarlos (planifica formas de sobrellevarlos): A veces el miedo que las personas tienen es tan grande que no les da tiempo a poder analizarlos, siempre es bueno por ello tener patrones de reacción automatizados para enfrentarlos con éxito.

7) Enfrenta tus miedos: Una vez tengas establecidos los 6 pasos anteriores, es momento de enfrentar tus miedos y comenzar a cambiar tu futuro.

3) No justifiques tus errores

A los seres humanos nos cuesta aceptar cuando nos equivocamos, lastimosamente ese ego nos daña completamente, al generar que asumamos que la culpa proviene de cualquier factor exógeno. Es aquí un punto neurálgico que debemos entender, cuando nos equivocamos y justificamos esos errores, simplemente estamos cubriendo las cosas que estamos haciendo mal, evitando evaluar la situación real para mejorar nuestras acciones y los próximos resultados.

Si buscas conseguir el éxito, es de vital importancia que entiendas cómo funcionan las cosas. Los seres humanos no somos perfectos, aunque, por suerte, si somos seres inteligentes que se encuentran en un constante aprendizaje, la práctica hace al maestro. A más veces nos equivoquemos, obtendremos más oportunidades de conseguir la fórmula perfecta para alcanzar nuestras metas, siempre y cuando aceptemos que el error ha provenido de nosotros.

Para dejar más claro este punto, pondré como ejemplo lo siguiente: varias veces sucedió que una persona asistía de emergencia al hospital por fiebre y dolor abdominal intenso. Ante ello, el médico la auscultaba y le recetaba medicamentos para tratar problemas estomacales, aduciendo era consecuencia de generar muchos gases en el tracto intestinal. Esta paciente asistió a emergencia al menos 4 veces durante el mismo mes, hasta que la última vez que fue, habiéndose informado por internet con los síntomas que tenía, pudo intuir que se podía deber a problemas con su apéndice. Le comunicó esto al médico, el cual le indicó que él era el especialista y que un paciente no podía saber más que él (no asumiendo que pudo equivocarse en los diagnósticos previos). Sin embargo, a insistencia de la paciente, le envió a hacerse una ecografía, detectando una peritonitis que necesitaba una inmediata operación. Culminada la operación el médico informó a la familia que gracias a la ecografía que él había considerado necesaria, se pudo salvar la vida del paciente.

En este caso hubo suerte que la paciente averiguara e insistiera que le hagan una prueba para descartar problemas con el apéndice, pero imaginemos que no hubiera tenido esa información, en ese caso el médico seguiría con el mismo tratamiento, en vez de verificar si sus diagnósticos anteriores pudieron estar equivocados, lo que como consecuencia hubiera tenido el fallecimiento de la paciente, y probablemente una denuncia por negligencia médica, por la cantidad de veces que lo evaluó con diagnósticos errados.

Así de graves pueden ser las consecuencias de

justificar nuestros errores, por ello la importancia de evaluar las razones por las que hemos fallado, sin importar puedan nacer de nuestras decisiones.

4) Tus errores no son caídas, son aprendizajes

Una vez aprendamos a dejar de justificar nuestros errores, es importante también consideremos que, equivocarse es un proceso natural de aprendizaje continuo.

Somos seres que necesitan de una constante motivación para perseguir nuestros objetivos, es natural sentirnos frustrados cuando nuestros planes no se cumplen, sin embargo, también debemos de interiorizar el hecho que somos personas que estamos en un constante aprendizaje, hasta el más experto necesitó equivocarse algunas veces para perfeccionar su método de acción.

Cuando te equivocas has ganado experiencia, ahora sabes qué cosas has hecho mal en las acciones que realizaste. Esto te lleva un paso delante de los demás, tus posibilidades de equivocarte disminuyen y las de triunfar aumentan.

La forma en que asumas tus errores te dará un avance o un retroceso camino a tu objetivo.

Para dejar más claro este punto, daré el siguiente ejemplo:

Durante toda la historia hemos sido víctimas de incontables enfermedades (es más, mientras escribo este libro me encuentro en la época de la pandemia por el COVID-19). El tema al que voy es respecto a enfermedades a las cuales ya se les ha conseguido la cura, o al menos disminuir su efecto nocivo.

Si uno busca solucionar un problema, lo primero que tiene que hacer es detectar cuál es el origen. Para comenzar a pensar de qué forma será resuelto, no muchas veces es tan sencillo encontrar la fórmula exacta para conseguirlo, en el caso de las enfermedades, los médicos junto a los científicos deben de estudiar la causa raíz, y a su vez ir haciendo pruebas sobre la efectividad de su posible cura. Para ello, deben de pasar por diversas etapas en las cuales estarán a expensas del ensayo-error, cada error que cometen les da un avance en su investigación, de tal manera que llega un momento en el cual consiguen la cura o una medicina que disminuya los efectos nocivos.

De igual manera funciona cualquier cosa que hagas en tu vida, en un inicio no sabes montar bicicleta, caes en tus primeros intentos, luego de unos cuantos golpes por tu falta de experiencia, consigues dominar el equilibrio para avanzar sin caer, esto gracias a que ahora conoces cómo debes dominar tu cuerpo al momento de montar una bicicleta. Pero si a tu primera caída dejas de intentarlo, jamás aprenderás a manejar.

Ahora que sabes esto, te invito aplicar esta forma de pensar, te aseguro que pronto mejorarás mucho. Los resultados te esperan, debes saber llegar a él adecuadamente y con paciencia.

5) Desarrolla una mente positiva

La vida no es el paraíso que todos deseamos, es un lugar donde todo puede ocurrir, a veces nos puede ir bien, de igual manera también habrá ocasiones donde no nos vaya como deseamos. Es en esas circunstancias donde poseer una mente positiva nos permitirá afrontar de la mejor manera esas situaciones, porque verles el lado positivo a todas las cosas nos automotivará para no desistir y tener un mejor humor.

En el punto 4 se recomendó ver las caídas como aprendizajes, porque estamos viéndole el lado positivo. Es justamente eso lo que debemos desarrollar en todo.

¿Cómo desarrollar una mente positiva?

Para desarrollar una mente positiva tendrás que practicar lo siguiente:

a) **Acepta que la vida no es perfecta:** Si desde ahora tienes claro que a lo largo de tu vida sucederán cosas buenas y malas, tu estarás preparado para que no te tomen por sorpresa situaciones incomodas, tu mente podrá asimilar y enfrentar mejor esas situaciones.

b) **Entiende que tu pasado no define tu futuro, el presente si lo hace:** Si hasta el momento sientes que la vida ha sida injusta contigo, porque todo lo que has hecho no ha tenido resultados favorables; ten en cuenta saber diferenciar entre el pasado y presente, las personas con el tiempo siempre vamos evolucionando, el día de hoy eres una persona más sabia, aprende a usar ese conocimiento extra para mejorar tus acciones en el presente, lamentarse por tu pasado es recordar cosas que no puedes cambiar, mientras que el día de hoy, si comienzas a actuar mejor, tu futuro será el que esperas.

c) **Siempre motívate:** Un secreto básico para que nuestra mente saque a relucir todo su potencial y positivismo es visualizar cómo quisieres estar en el futuro, mírate disfrutando de todos los beneficios que tendrás, esto te hará sentir ganas de avanzar y mirar las cosas desde un mejor ángulo. Además, todas las visualizaciones que has tenido debes de escribirlas en una hoja de papel, de esa manera estarán siempre presentes.

Una vez tengas la hoja llena de todas tus metas, colócala en un lugar al que puedas acudir antes de dormir y al despertar. Cada mañana que despiertes lee uno de los sueños que quieres cumplir, vuélvete a visualizar y di que puedes hacerlo, de igual forma antes de dormir, esto cada día irá calando en tu mente.

d) Respira y luego actúa: Cuando nos encontramos en una situación muy complicada y no sabemos manejar nuestras emociones, actuamos y pensamos con una mente totalmente nublada, negándonos ver la verdadera realidad, encerrándonos únicamente en lo que nuestra emoción dolida quiere que nuestra mente vea.

Practicar ejercicios de respiración nos permite estar en balance con el mundo, controlando así nuestras emociones, si sientes que todo lo que te ocurre está en tu contra, será motivo de tomarte un momento para ti, cuando empieces a respirar de forma pausada comenzarás a sentir aquella paz que te falta para pensar correctamente.

Luego de haberte tranquilizado con la respiración, es momento de retomar la situación, pero esta vez tú controlándola. En vez de pensar en cómo puede dañarte lo que ocurrió, debes pensar en cómo puede beneficiarte, y si no existiera un beneficio real, lo que inmediatamente debes pensar es en cómo solucionarlo, enfócate en ello, considera que es un reto que te hará crecer como persona, a tal grado que, si lo superas, conseguirás lo que quieres, y a su vez habrás sido capaz de vencer tus propias limitaciones, eso también es ganar.

e) Frecuenta personas positivas: No cabe la menor duda que si buscas fortalecer el positivismo en ti, una de las maneras de hacerlo es tratando en tu día a día con personas que también lo sean, o estén en busca de serlo. Esto reforzará el trabajo interno que estás haciendo, porque estarás en un círculo en el cual todos tienen la misma creencia que tú, a tal punto que te trasmitirán ese positivismo.

f) Siempre ve hacia adelante: No importa qué tan difícil sea la situación, si lo que estás buscando es conseguir tus sueños, cada cosa que hagas irá marcando la senda del camino, de tal forma que si piensas que estás equivocándote en algunas acciones que estás tomando, esto no significa que no merezcas conseguirlo, solo es un indicativo de que debes parar un momento, restructurar tu plan de acción, y continuar con una versión mejorada.

6) La paciencia

Ser paciente no significa esperar a que las cosas ocurran porque tienen que ocurrir, sino más bien saber esperar con calma el tiempo que demande la naturaleza de la situación, para ejecutar las acciones en el momento adecuado de manera pertinente es eficiente.

Alguien que maneja adecuadamente la paciencia, tomará acciones cuando la situación lo requiera, para ello me gustaría dar el siguiente ejemplo:

Una persona que trabaja en una empresa durante años, si bien cuenta con la experiencia para escalar posiciones dentro de su línea de carrera, sabe que es imposible escalar cierto nivel si no cuenta con un grado requisito, sin importar las razones por las cuales no tiene el grado, esto no debería limitarla. La idea es comenzar a preparar el terreno para la consecución de su objetivo, en este caso iniciar los estudios necesarios que le permitan lograr su cometido.

La paciencia va en saber que la obtención del grado tomará el tiempo establecido por ley, por tal, no debe limitar su mente en pensar que no obtendrá un beneficio inmediato. La acción de hoy le permitirá en un cierto tiempo participar en los ascensos de la empresa (acciones posteriores), y por qué no, también migrar a otra empresa con un sueldo mejor remunerado.

Si la persona no contara con la paciencia para ejecutar su estrategia de estudio, entonces no podrá conseguir la meta trazada solo por el hecho que, en muchas ocasiones, se buscan resultados inmediatos, y sin ellos la motivación cae y desaparece, evitando saber esperar. Esta paciencia debe ir acompañada a la visualización y otros aspectos tratados en el libro.

¿Cómo trabajar la paciencia?

a) Piensa en los beneficios que obtendrás: Para poder trabajar nuestra paciencia, es importante tener presente cuáles son las ventajas que obtendremos, esto será un punto clave a la hora de motivarnos para actuar en el momento adecuado.

b) No te centres solo en resultados inmediatos: A quién no le gustaría recibir siempre resultados inmediatos, lo que debes tener claro y analizar es sobre cómo todas las personas exitosas han tenido que superar un proceso para conseguir lo que tienen ahora; por ejemplo, el presidente de un país tuvo que iniciar desde las bases de un partido político, ir adquiriendo reconocimiento en el partido y una vez electo buscar lo mismo en la población, para ser recordado y considerado a la hora de las votación, además ha tenido que construir con los años una imagen positiva, respetuosa y competente para el puesto. Sin la paciencia para ir desarrollando cada acción en el momento adecuado, no sería posible llegar a la meta.

c) Maneja tu inteligencia emocional: Saber reaccionar es importante, siempre estamos inmersos a situaciones bajo presión, es por ello que poseer inteligencia emocional nos da la capacidad de sostener competentemente cualquier tipo de situación.

7) La inteligencia emocional

La inteligencia emocional es la capacidad que tienen las personas para manejar adecuadamente sus emociones, sin importar el tipo de situación en el que se encuentren.

La autoestima juega un papel preponderante, porque por más compleja que sea la situación para nuestras expectativas, nosotros debemos reconocernos como personas competentes, con un juicio y valor suficiente para sobrellevar cualquier dificultad.

Es bueno saber cuál es la importancia de la inteligencia emocional, pero más que saber es aplicar, dicho esto la pregunta cae de madura:

¿Cómo desarrollar la inteligencia emocional?

La inteligencia emocional se basa en la gestión adecuada de nuestras emociones. Por ello, a continuación, encontrarás los pasos a considerar para tener un control adecuado de las malas emociones:

a) Reconocer las situaciones donde nuestras emociones se salen de control: Este paso nos permitirá saber bajo qué circunstancias nuestras emociones se salen de control, solo así podremos prepararnos para una siguiente ocasión.

b) Identificar cuáles son las emociones que están perjudicándonos: Tenemos que definir las emociones negativas que repercuten en nuestro comportamiento inadecuado e inestable, para saber en qué debemos trabajar.

c) Hallar las razones por las cuales se ha generado la emoción negativa: Si bien ya identificamos las emociones negativas, el siguiente paso es tener claras las razones por la que se activan en determinada situación, solo así podremos saber las causas.

d) Hacer una lista con los problemas que nos ocasionan nuestras malas emociones: Antes de actuar debemos estar conscientes de los problemas que nos ocasionarán nuestro mal manejo de las emociones, solo así tendremos un límite mental.

e) Hacer una lista de los beneficios por controlar nuestras malas emociones: Este paso nos incentivará a trabajar constantemente en nuestra mejora continua; para ello visualiza como sería tu vida si tuvieras el control de tus emociones.

Paso 5: Aprende de personas exitosas

¿Has imaginado la ventaja que podemos adquirir si contamos con el consejo y asesoría de personas que han conseguido las metas que se plantearon?

Una persona que ha conseguido el éxito, posee mucha información sobre la forma y estrategias con las que debes actuar durante todo el camino a tu meta. Lo más probable es que asocies únicamente a las personas exitosas con lo que han obtenido públicamente, tal como reconocimientos, riqueza, admiración, entre otros beneficios. Más allá de todo lo que se observa, que es fruto de la dedicación que tuvieron, existe información valiosa que te ayudará a construir un camino con dirección correcta.

Los exitosos no solo cuentan con información que te dirá que camino recorrer, también saben qué camino no seguir, y si llegara el caso que estuvieras en el camino incorrecto, podrán decirte cómo salir de el para volver al camino adecuado.

Nosotros no somos las primeras personas buscando cumplir nuestros sueños, desde el inicio del ser humano ha sido así, y siempre lo será. Como seres inteligentes debemos aprovechar el conocimiento de otros, esto nos da la posibilidad de alcanzar nuestras metas con menores errores y en menor tiempo, así como llegar mucho más lejos.

Para aprender de personas exitosas, lo ideal sería relacionarse directamente con ellas; sin embargo, de no ser posible ese acercamiento, también existen otras formas en las cuales tenemos la posibilidad de adquirir sus conocimientos. Quizás la más sencilla es obteniendo libros donde plasman todas sus experiencias e investigaciones, otra opción participando en charlas, o pagar una asesoría directa. Es más, en estos tiempos donde la tecnología facilita la obtención gratis e inmediata de información, nos permite buscar en internet conferencias o consejos que imparten libremente, así también es posible ir adhiriendo esa información valiosa a nuestro bagaje de conocimientos.

Es bueno conocer el otro lado del éxito, porque es allí donde se forjó, una persona exitosa te hará entender que un éxito consistente se basa en tomar buenas decisiones. Equivocarse, asumir el error, aprender de él, y volver a intentarlo, también cuenta como una decisión acertada, adaptarte a la situación en que te encuentras y a partir de ella volver a retomar las oportunidades que existen.

Entre las ventajas que encontrarás por relacionarte con personas exitosas están:

- Te darán una visión más amplia de cómo

conseguir el éxito.
- Te facilitarán formas de asumir situaciones complejas gracias a la experiencia con las que cuentan.
- Resolverás en menor tiempo problemas específicos.
- Asumirás con mayor facilidad tus errores como aprendizajes.

Sin ir muy lejos, me gustaría centrarme en la importancia de adquirir conocimientos de personas que tienen más experiencia que uno mismo. Podemos remontarnos a la época de cuando éramos niños, en aquellos tiempos nuestros padres, maestros o familiares que se encargaban de cuidarnos nos iban brindando lo mínimo que necesitábamos conocer para no hacernos daño. Por ejemplo, que el fuego es peligroso, así como poner nuestros dedos en el tomacorriente, nos fueron repitiendo continuamente esas dos cosas, aunque hubo niños que no hicieron caso y aprendieron después de quemarse o tener una pequeña descarga, quedando muy en claro como algo que no deben de hacer.

Del ejemplo impartido queda claro que hacer caso a las recomendaciones y consejos de personas que saben lo que puede ocurrir, nos permitirá evitar esos errores, si tomamos su experiencia como nuestra, podremos saltarnos espacios de tiempo donde nos equivoquemos para aprender, de todas formas, si tomas una mala decisión y te equivocas, tampoco necesariamente es el fin del mundo.

Considero que el aprendizaje más importante que cualquier persona exitosa puede darte, es el de nunca rendirte, siempre aprender de los errores para levantarte con más fuerza y conocimiento para asumir nuevamente el reto.

Ahora que sabes de la importancia de relacionarte con personas exitosas, es momento de incluirlas como personas importantes en tu vida, créeme, te cambiará positivamente.

Paso 6: Distribuye tu tiempo eficientemente

El tiempo es uno de los factores más importantes en nuestra vida, todo lo que hagamos lo incluye. Por eso, tenemos que asumir un buen control de él para conseguir nuestras metas.

Cuando mencionamos los principales errores al momento de hacer las cosas, siempre encontramos como palabra negativa el PROCRASTINAR, la cual describe la acción de dejar para después las cosas.

Procrastinar se ha asumido mayoritariamente como algo negativo, aunque tenemos que considerar que será así siempre y cuando esto sea a causa de una falta de interés generado por miedo, desmotivación, conformismo, entre cualquier otro causante de ese tipo; mientras que también existe la procrastinación por falta de tiempo o nivel de riesgo, asignándose a las actividades pendientes un valor según su grado de importancia, riesgo e inmediatez, dejándose a veces algunas actividades sin realizar por una cuestión de clasificación valorada.

Para que puedas contar con el tiempo suficiente para hacer efectivas todas tus horas activas del día, debes tener calidad de descanso, dormir las horas necesarias para recuperar la energía. En estos tiempos la calidad de descanso se ha visto mermado a raíz de la tecnología, muchos quieren descansar con el televisor prendido o el teléfono móvil encendido a merced de cualquier mensaje sin valor, a cualquier hora de la madrugada. Si buscas un sueño de calidad para amanecer con toda la energía que necesitas, como recomendación te sugiero te desconectes de todo, créeme, tu cuerpo te lo agradecerá.

Hemos mencionado que la procrastinación no necesariamente es negativa, ahora explicaré en qué situación no lo es: Para comenzar, existen ocasiones donde estamos obligados a procrastinar nuestra toma de acción inmediata, aquí podemos incorporar decisiones de carácter muy importante, si eres negociante y ofrecen venderte un local en una zona que no conoces bien, comprar ese local de forma inmediata a ojos cerrados y los precios ofertados, podría no ser una decisión acertada, porque nosotros necesitamos saber el costo de los locales en la zona, la afluencia de gente, nuestra capacidad de pago inmediato (de no poder sería nuestra capacidad de endeudamiento ante los bancos), también el tiempo en que retornará nuestra inversión, y por último, si es que no existe una opción con una inversión similar que nos dé más retorno. Sé que puede sonar algo complejo todo lo que se tiene que saber para tomar la decisión, y también es verdad que uno no puede tener controlado todo, las oportunidades de ese tipo suelen ser inmediatas, al haber más interesados.

El tema de los precios de mercado se pueden ver rápidamente por internet, nuestra capacidad de flujo de dinero sabemos cuál es, de no contar con el dinero, una llamada a nuestro asesor del banco nos dará rápidamente la información que necesitamos, lo de otras oportunidades con inversión similar, tenemos que saberlas si hemos estado buscando o nos han ofrecido, ya que, han sido previas a esta decisión, el tiempo de retorno de inversión podrá ser proyectado con un estudio de la afluencia y los niveles de venta de negocios cercanos. La verdad es que, si estás buscando hacer una inversión, ya tendrías gran parte de lo que necesitas listo, de no ser así, tomando acción inmediata, podrías recabar lo que necesitas saber rápidamente, para luego tomar la decisión e informar al dueño del local (aquí muchas veces se puede conversar también con la contraparte para que espere nuestra respuesta, dándole el tiempo que nos tomará hacerlo, obviamente tendrá que ser lo más pronto posible).

El ejemplo en sí ha descrito una procrastinación para poder evaluar, no por indecisión o dejadez.

Sin ir muy lejos, podemos ver también un ejemplo de procrastinación positiva en la vida cotidiana, existen múltiples situaciones donde tenemos que realizar diversas actividades, aquí debemos de hacer un listado de todas las actividades que tenemos pendientes y darles una valoración del 1 al 10, según su inmediatez e importancia, distribuyendo con esta clasificación el cuándo y cuánto tiempo le asignarás a cada pendiente.

Otra forma de procrastinación positiva existe cuando luego de un tiempo de estar trabajando nuestros pendientes, nuestro cuerpo necesita un breve descanso para tomar aire y continuar con toda la energía y atención necesaria. Aquí lo que se busca es no perder la concentración en lo que estamos haciendo.

El tiempo es un activo lineal, el cual una vez transcurrido no puede ser recuperado, debemos tener eso presente siempre que tengamos ganas de postergar, la única forma de avanzar es caminando ahora, mañana puede ser muy tarde.

Paso 7: Sal de tu zona de confort

La zona de confort es el lugar en el que te sientes plenamente seguro, cualquier acción o decisión que tomes estará soportada por tu mente, porque conoce a cabalidad lo que sucederá, pero a su vez, cualquier oportunidad que se encuentre fuera de ella será difícil de asumir, al no estar al alcance de ser controlado, por ser desconocido.

El efecto principal que genera la zona de confort en nuestra mente, es el generar una limitación, nos dopa y desmotiva para evitar conozcamos el inmenso mar de oportunidades.

La zona de confort se crea a partir de experiencias que vivimos, vamos sintiéndonos cómodos en un lugar o situación, a tal punto que asumimos que es nuestro único habitad en el cual podemos movernos.

Me gustaría que hagamos una reflexión de cómo se forma una zona de confort, si analizamos detenidamente, tendremos claro que nuestra mente va formando con la experiencia lugares y situaciones familiares, haciéndolas parte de ella. Sin embargo, para que estas situaciones se vuelvan familiares, tuvieron que ser exploradas y conocidas previamente, y sí, allí está el punto al que quería llegar; cuando nos atrevemos a salir de la zona de confort actual, experimentamos fuera de ella y con el tiempo ampliamos nuestra zona de confort, por tal, cuando nos atrevemos a buscar oportunidades fuera de nuestra zona de confort actual, lo que hacemos es volvernos más sabios, nunca se deja de aprender.

Las personas pueden vivir toda su vida dentro de su zona de confort, sin darse cuenta de lo grande que es el mundo. Es muy sencillo cuando te conformas con lo que tienes y conoces. Pero, ¿qué sucede si quieres más de lo que tienes, si tu mente sabe que es posible si se lo propone?

Cuando una persona conoce y confía en sus competencias y capacidades, tiene el factor más importante para comenzar un viaje eterno por el mundo de las oportunidades.

En estos momentos que tenemos claro qué es la zona de confort. Tampoco quiero decir que es del todo malo tener una, es bueno siempre y cuando siempre estés dispuesto a ampliarlo para seguir mejorando. Para ello partamos del ejemplo de un médico que es especialista en operaciones de corazón abierto, él, a lo largo de los años, se especializó en un método que le brindaba una efectividad alta. Se volvió tan experto que esa rutina lo mantenía tranquilo, al saber que hacía lo mejor que cualquier médico pudiera hacer en ese tipo de operaciones, situándose en ese momento en su zona de confort. Aquí hablamos de una zona de confort que es positiva porque permitió que se especialice en algo que es sumamente importante mantener controlado.

Con el trascurrir de los años la tecnología fue avanzando, se desarrollaron métodos más eficientes para la operación de corazón abierto. Nuestro médico se encuentra en un momento de decisión, o se actualiza y comienza a adquirir el conocimiento que le brinde la posibilidad de realizar un nuevo método para la operación a corazón abierto, o se queda con el método que ha llevado durante años.

La repercusión de su decisión se reflejará de dos maneras, **la primera:** si el médico decide continuar utilizando su método, sin considerar actualizarse, entonces sucederá que se desactualizará Esto provocará que, poco a poco, tenga menos demanda de operaciones, iniciando por la decisión de los pacientes, los cuales, al determinar que la operación más moderna tiene menor margen de error, la preferirán. Y luego, al haber menos pacientes interesados en operarse, la clínica o el hospital tomarán como única forma de operación, a la más moderna.

Como vemos en este caso, el no querer aprender un nuevo método, con el tiempo le quitó la oportunidad de mejorar la efectividad de sus operaciones, y, a su vez, creó un ambiente donde comenzó a dejar de ser requerido para trabajar. Como mensaje nos debe quedar claro que quedarte en tu zona de confort también puede llevarte al fracaso.

La segunda opción es si el médico decide actualizarse, partiendo de ello lo primero que conseguirá es estar a la vanguardia del desarrollo médico, manteniendo su imagen como el mejor de la especialidad. Adquiriendo este nuevo método podrá salvar más vidas, con el tiempo de igual manera podrá ir perfeccionando el método, aumentando más su nivel de efectividad. Los pacientes seguirán haciendo cola por atenderse con él, desde el lado económico también podría aumentar su tarifa y generar más dinero. Como mensaje de esta segunda opción quiero quede claro que, solo aquel que sigue aprendiendo, mediante el aprendizaje y experimentación, destacará y podrá conseguir todo lo que quiere.

Considero hemos mencionado de forma muy real cómo la zona de confort es importante, siempre y cuando salgas de la que tienes actualmente y hagas que vaya creciendo siempre, de todas formas, no está de más enumerar las ventajas de salir de tu zona de confort inicial (que ya dominas):

- Conseguirás tu crecimiento.
- Aprenderás nuevas cosas.
- Te adaptarás a todo tipo de situaciones
- Aprenderás aceptar tus errores y los volverás aprendizajes.
- Confiaras más en ti.

Ya lo sabes, nunca te quedes conforme con lo que conoces, siempre busca nuevas oportunidades de aprender y especializarte en nuevas cosas.

Paso 8: Nunca dejes de creer en ti

Todas las cosas que se consiguen están en base a lo que uno cree que `puede lograr, si tu mente desde un principio se auto limita, en ese momento lo que hagas está condenado a no ser importante ni trascendente.

Los sueños que uno tiene son la base del éxito, siempre y cuando creas que eres capaz de llegar a alcanzarlos, por eso este escalón tiene que ser tomado con la relevancia que merece. Todo lo que uno puede hacer comienza en ti.

Cuando una persona no cree en sí misma, desarrolla naturalmente la inseguridad y timidez, factores negativos en la vida de cualquier persona, ya que, influencian directamente en las acciones que evitemos hacer por miedo.

Lamentablemente muchas personas consideran que tienen un límite a la hora de confiar en sí mismas, aquí es donde nace la primera diferencia notoria entre quienes consiguen sus metas de quienes no lo hacen.

Para dar un ejemplo de cómo nosotros dependemos de creer en nuestras competencias, capacidades y voluntad, podemos enfocarnos en alguien que nunca en su vida ha corrido una maratón de 10 kilómetros, que además tiene un sobrepeso que le genera molestias en las rodillas; sin embargo, fuera del exceso de peso que tiene, todos sus demás indicadores de salud se encuentran en buen estado. Para iniciar el proceso de entrenamiento debe llevar una dieta balanceada que le permita reducir el sobrepeso de forma continua y saludable; a su vez iniciar las dos primeras semanas con caminatas prolongadas de 30 minutos a 1 hora.

Si la persona no confía que en un futuro será capaz de correr 10 kilómetros, lo que ocurrirá es que no contará con la motivación necesaria para comenzar con lo que se indicó inicialmente, ni siquiera es que postergue el conseguirlo, simplemente limita su mente y por ello no se atreverá a intentarlo.

Muchas veces no creemos en nosotros mismos, porque miramos nuestros objetivos con la percepción que, si no somos capaces de conseguirlos inmediatamente, estos simplemente no valen la pena ser intentados.

Nuestros objetivos siempre deben ir a la medida de nuestras competencias y capacidades, eso no significa que no podamos hacer cosas más complejas, lo que en realidad significa es que, si no estamos en capacidad de hacerlo de forma inmediata, debemos de subdividir ese objetivo en otros más específicos, que en conjunto puedan escalarse con el tiempo, para lograr lo que pretendimos llegar desde un principio.

Por esto es que en el escalón 3 hablamos sobre las metas, objetivos y estrategias, cuando tú tienes bien definidos esos puntos, tu mente sabe exactamente lo que está haciendo y cómo lo conseguirá, además trabajará en base a objetivos más pequeños que se irán escalando hasta el punto que, en un periodo de tiempo conseguirá hacer realidad la meta central. Es solo cuestión de organizar todo.

La persona de la que hablamos para la maratón se ha cohibido de intentarlo porque sabe que inmediatamente no puede correr 10 kilómetros. No se siente capaz, seguramente muy en el fondo es un deseo que sueña cumplir, pero la motivación, por el grado de dificultad que percibe, no es suficiente para que lo haga.

Es aquí donde trabajar en una estrategia que nos mantenga automotivados, resolverá el problema. Para que esta persona pueda comenzar su proceso de correr 10 kilómetros, se le harán rutinas de caminata diaria y la elaboración de un plan alimenticio balanceado, semanalmente se tomarán los resultados de su cambio de peso, porcentaje de masa muscular y porcentaje de grasa. El objetivo semanal será disminuir el porcentaje de grasa, aumentar el porcentaje de masa muscular y reducir el peso en general.

Cada semana que pase se hará el control para

verificar en qué grado se están mejorando los resultados. Este plan de acción mantendrá motivada a la persona, sabe que debe conseguir resultados cada 7 días, cuando vea el resultado de la primera semana se sentirá motivada, adicionalmente sentirá un cambio positivo en su estado físico, al contar con más energía y vitalidad.

Las caminatas irán exigiendo aumentar la intensidad durante las dos primeras semanas. A partir de la tercera, comenzará a trotar durante un minuto y caminar 2 de forma intercalada, en la cuarta semana será caminar 1 minuto y trotar 2, en la quinta semana trotar 4 minutos y caminar 1, hasta que en la sexta semana ya será un trote continuo.

La meta principal es conseguir que la persona logre correr los 10 kilómetros de una maratón, luego de haber conseguido la persona trote de forma continua, el siguiente paso será ir variando cada semana la distancia, al inicio puede ser 5 kilómetros y cada semana ir aumentando 1 kilómetro hasta llegar a los 10. Te aseguro que esta persona, a lo largo de todo el proceso, se sentirá motivada al cien por ciento, su vida ha cambiado a favor de su salud, y sobre todo porque ha ido cumpliendo objetivos pequeños que le han demostrado que es capaz, de tal manera que en un periodo de tiempo consiguió lo que soñaba, el correr los 10 kilómetros.

En este escalón hablamos de que debes confiar en ti mismo, debido a que tú eres el único que puede limitarte; si crees en ti y lo haces con un plan de acción que lo acompañe, nada podrá interferir entre la meta que deseas conseguir y el hacerlo realidad.

A continuación, te presento el conjunto de beneficios que obtendrás si confías en ti:

- No existirán limitaciones mentales que te impidan tomar acción.
- Aumentarás la cantidad de oportunidades a tu favor.
- Podrás escoger la oportunidad que te dé más beneficio, y no te regirás solo por la más sencilla.
- Eliminarás la procrastinarían de tu mente.
- Desaparecerás la inseguridad y miedo ante cualquier situación.
- Reducirás en gran medida el estrés ante situaciones nuevas o complejas.

Para culminar este escalón, recuerda también fortalecer tu mente para que se maneje de forma positiva, todo lo que hagas siempre estará a tu alcance.

Paso 9: Construye hábitos positivos y elimina los negativos

Los hábitos son actividades que realizamos frecuentemente, pueden ser positivos o negativos, dependiendo del impacto que tengan en nuestra vida.

Muchas de las actividades de nuestro día a día están en función a los hábitos que hemos ido adoptando. Estos pueden llegar a ser tan rutinarios que pasan desapercibidos como hábitos por nosotros.

Todos los hábitos que tenemos tienen un impacto directo o indirecto, por ello el hecho de estar conscientes de cuáles poseemos, detectar los que son negativos, y trabajar en modificar, eliminar o construir nuevos hábitos, nos permitirá adecuar nuestras acciones hacia las metas que nos propongamos.

Muchos pequeños hábitos pueden ser positivos para nuestra vida, el más común e importante es tender nuestra cama una vez nos levantemos. La satisfacción de haber cumplido con un objetivo desde muy temprano nos motivará a ir con más energía a la siguiente actividad que realicemos, además, una vez llegue la hora de descansar, lo mejor que podemos tener es una cama ordenada que nos permita conciliar el sueño.

Al igual que el hábito de tender la cama, que es uno positivo, existen hábitos negativos que nos dificultan nuestra vida, por ejemplo, el salir con el tiempo exacto (a último momento) para un lugar donde hemos acordado una hora, nos quita la posibilidad de afrontar cualquier imprevisto en nuestro trayecto, quedando como personas impuntuales y poco serias. Eso si hablamos en un caso de una reunión de amistad o familiar, pero si lo llevamos a una reunión de trabajo es mucho peor, porque puede ser motivo de una ruptura laboral.

Como hemos podido apreciar, un pequeño hábito tiene el potencial de tener un gran impacto, es por esa razón que es necesario adecuar nuestros hábitos, para hacer que todos trabajen a nuestro favor.

¿Cómo construir un hábito?

Los hábitos pueden crearse de forma consciente o inconsciente, por tal, está en nuestra capacidad el construir los que requerimos para nuestro crecimiento.

Para construir hábitos debemos realizar los siguientes pasos:

1) **Haz una lista de los hábitos que son beneficiosos para ti:** El primer paso es elaborar una lista donde puedas definir con qué hábitos debes contar para conseguir la vida que deseas

tener.

2) **Determina qué hábitos de esa lista no posees:** Debes de enfocarte en detectar en la lista cuáles son los hábitos que no posees pero que necesitas, solo así podrás comenzar a trabajar en ellos.

3) **Haz un orden de prioridad (crearás un hábito a la vez):** Si quieres crear un hábito a conciencia, buscando quede grabado para siempre, este debe de elaborarse individualmente. Para eso, no debes complicarte más de lo que ya estarás, construir un hábito a la vez te dará la oportunidad de hacerlo bien.

4) **Sé específico sobre lo que buscas conseguir con el hábito:** Para conseguir efectivamente el hábito, tendrás que ser específico a la hora de definirlo, solo así podrás medir si lo conseguiste.

5) **Elabora un plan de acción:** Supongamos que tienes el mal hábito de llegar tarde a tus reuniones y quieres cambiarlo. Una estrategia podría ser escoger y alistar, desde el día anterior, la ropa que usarás. La idea en este punto es facilitarte a ti mismo el cumplimiento del hábito que deseas construir, para ello debes también eliminar las excusas.

6) **Coloca alarmas que te recuerden efectuar lo**

que has planificado: Un recordatorio es un arma muy potente a la hora de crear un hábito, así estarás siempre consciente del momento en el que necesitas tomar acción.

7) **Comienza a trabajar el hábito de manera progresiva:** Muchas veces puede ser complicado cumplir con el hábito en su totalidad, por ejemplo, si quieres correr una hora diaria durante la mañana, al inicio no necesariamente podrás, ya que, necesitas acondicionar tu cuerpo. Comenzar con 20 minutos al inicio e ir incrementando 10 minutos cada semana, te ayudará a tener el ritmo físico que necesitas. Por eso, es importante definir el progreso que podemos ir teniendo hasta llegar a alcanzar lo que deseamos.

8) **Haz un control continuo de tus avances:** La única manera en que puedas saber si realmente estás incorporando el hábito a tu vida, es haciendo una evaluación periódica.

9) **Felicítate cada vez que cumplas con el hábito:** Automotivarte generará la satisfacción que necesitas para no desistir durante la construcción del hábito.

Ahora que tienes clara la forma en la que debes construir un hábito, de seguro te preguntarás:

¿Cómo eliminar un mal hábito?

Para eliminar un mal hábito, debemos tener presente que, si bien se interioriza y forma parte de nuestra manera de actuar, este fue construido, por tal, es también posible eliminarlo o remplazarlo.

Para eliminar un mal hábito debemos seguir los siguientes pasos:

1) Hacer una relación de las acciones que realizamos frecuentemente.

2) Evaluar qué acciones nos generan resultados negativos.

3) Asumir la responsabilidad de los hábitos negativos.

4) Tomar la decisión de eliminar el hábito negativo.

5) Enumerar sobre una hoja de papel los beneficios que obtendremos al eliminar el hábito, y también enumerar las consecuencias negativas que están causando (ambas listas nos ayudarán a motivarnos para eliminarlo).

6) Identificar en qué situaciones aflora el hábito

negativo, ser bastante específico.

7) Crear estrategias para utilizar una reacción diferente al hábito negativo.

8) Evaluar constantemente tus acciones en las situaciones donde aflora el hábito negativo, para detectar y detenerlo de inmediato.

9) Incorporar acción positiva que la remplace.

La eliminación del hábito negativo te permitirá aumentar tus probabilidades de éxito.

Los principales beneficios de contar con hábitos que aporten a nuestra vida son:

- Aumentará tu productividad diaria.
- Disminuirá la ansiedad.
- Organizará y planificará el tiempo para cada actividad.
- Mejorará tu salud física y emocional.
- Mejorará tu actitud positiva.
- Conseguirás el éxito que buscas en menor tiempo

Es momento de trabajar tus hábitos, no esperes más e inicia el cambio en tu vida.

Paso 10: Practica la ley de la atracción

Creas o no en la ley de la atracción, de igual manera esta funcionará y estará presente en todas las cosas que te ocurran. Por tal motivo, es importante conocer y estar conscientes de cómo nos acompaña.

Cuando tu mente se enfoca en lo que quiere lograr, se vuelve un captador de sueños, deseos y sentimientos, dirigiendo tu vida según cómo tu mente sienta, piense y quiera que sea.

La ley de la atracción no solo funciona con las cosas buenas que nos pueden ocurrir. Si tienes un enfoque inadecuado, también puede llevar tu vida a lo malo en todo nivel, es aquí donde nace la necesidad de ser conscientes que, si aprendemos a manejar bien nuestra mente, esta podrá traernos grandes resultados favorables a nuestros proyectos.

La ley de la atracción se basa en que todos los humanos somos seres que emanamos y recibimos energía, por tal, la energía que tu emanes también la recibirás. En otras palabras, si la energía que emanas es positiva, las cosas que te ocurrirán serán positivas; y si emanas energía negativa, los resultados que obtengas serán negativos.
Una mente débil emanará energía negativa, ya que, el tener confianza en nosotros mismos nos brinda el soporte y la seguridad de que somos

capaces de lograr grandes metas, así que, es necesario trabajar en nuestra autoconfianza para facilitar la práctica correcta en la ley de la atracción.

Para usar correctamente la ley de la atracción, tenemos que desear lo positivo y no lo negativo, quizás no se entienda del todo lo que se acaba de mencionar, así que mejor lo explicare mediante el siguiente ejemplo:

Supongamos que debemos movilizarnos de un lugar a otro, obviamente si es una hora punta existirán diversos factores que puedan hacer que exista un atasco leve o pesado (más aún en países latinoamericanos). Si deseas atraer la ley de la atracción a tu favor, tendrás que pensar en que llegarás sin inconvenientes a tu destino, asumir que sea así atraerá una situación positiva a tu vida, mientras que un enfoque inadecuado pensaría "por favor que no haya tráfico pesado", asumiendo que existe la mayor posibilidad que suceda, basta con que lo pienses para hacer que eso ocurra.

La misma situación con dos formas de mentalizarse distintas, así es cómo funciona la ley de la atracción.

Si estás pensando que todo lo que se menciona es un gran disparate, que no tiene una base o fundamento lógico; si bien la ley de la atracción está mencionada en el cristianismo, judaísmo, budismo, a su vez hablado por filósofos; de mantenerte aún escéptico, te recomiendo practicarla en cosas simples y cotidianas en tu vida, no pierdes nada practicándolo. Es más, a nivel personal puedo decir que me ha funcionado, pero considero es importante cada persona lo practique para que pueda entender su real dimensión.

Puedo resumir que, aunque muchas veces no sepas cómo lo conseguirás, si tu mantienes una actitud positiva, y crees con toda convicción que sucederá, el universo en el que vives tomará la misma sintonía que tú, y te dará lo que crees que mereces.

Seguramente alguna vez te paso que comenzaste el día de manera negativa, y así trascurrió todo ese día, porque desde que abriste los ojos ya estabas creando con tu mente lo que querías, solo esperabas acabará. Déjame decirte que lo que todo lo malo que te ocurrió aquella vez fue atraído por ti.

¿Cómo practicar la ley de la atracción?

Para que podamos utilizar la ley de la atracción a nuestro favor debemos realizar lo siguiente:

1) Enfócate en lo que quieres: Cuando quieres conseguir que tu mente atraiga cosas positivas para tu vida, tienes que únicamente centrarte en visualizar que las cosas saldrán como lo esperas, quitando de raíz cualquier distractor negativo.

2) No pienses ni un segundo en lo que no quieres: Basta con que visualices las cosas que no deseas, para que estas estén presentes en tus pensamientos, aunque no lo creas, la mente es poderosa y aunque no lo desees, desde ya tu mente las toma seriamente como un potencial suceso.

3) Cambia tu percepción de la vida: Debes saber que la vida tiene dos formas de asumirse, estas implican una mirada mediante una mente positiva y otra negativa; si tu vida está teniendo resultados negativos, no es porque el destino tenga ese camino para ti, solo es un mal enfoque que has estado planteando, es momento de ver la otra cara de la moneda (lo positivo).

4) Confía en ti: Nada cambiará en tu vida si no empiezas por destacar todas tus fortalezas, y mejorar tus debilidades. La confianza en uno mismo es el motor principal de nuestra vida, solo podemos limitarnos si creemos que no somos capaces.

5) Siempre mantén una actitud positiva: Este

punto es primordial a la hora de atraer los resultados positivos a tu vida, si tu actitud es positiva confiarás en ti y los resultados que eres capaz de obtener. Tus decisiones serán enfocadas en los buenos resultados, más allá de cualquier factor que intervenga en el trayecto.

6) Acepta lo que consigues y ten en cuenta que aún mereces más: Todo lo que consigues debe ser tomado como cosas que mereces, si no haces esto, estarás atrayendo menos de las expectativas que tenías, recuerda tu consigues lo que mereces, y tu mereces lo mejor de lo mejor, y mucho más.

Un ejercicio que te recomiendo hacer todos los días es cerrar los ojos e imaginar lo que sueñas conseguir, imagínate teniéndolo, cree fervientemente que te lo mereces, disfruta al máximo en tu mente el haber conseguido ese logro, haz tuyo ese momento, luego respira profundamente, y antes de romper el pequeño transe repítete fuertemente: "esto lo conseguiré pronto".

Si aplicas correctamente lo mencionado para atraer lo positivo a tu vida, esto es lo que pasará:

- Sentirás que tu vida es la que deseas.
- Aprovecharás las oportunidades que aparezcan.

- Dominarás tus emociones.
- Atraerás personas que aporten a tu vida.
- Siempre poseerás una actitud ganadora.
- Conseguirás todo lo que te propongas.

Paso 11: Mejora continuamente

Realizando todos los escalones previos, podrás obtener el éxito que buscas. Esto no implica el desligarse de seguir mejorando, los limites únicamente los estableces tú, siempre habrá oportunidad y formas de mejorar lo que estés haciendo mal o lo que estés haciendo bien.

La mejora continua debe volverse el propósito de cada cosa que hagas, por ejemplo, puedes ver el caso de los atletas de alto rendimiento. Ellos van consiguiendo marcas con las que logran ganar competencias, esto no las limita a querer seguir buscando mejorar sus récords. La única forma de ser eficientes y no quedarnos obsoletos de conocimientos es seguir creciendo junto a nuestras oportunidades.

Imagina si las personas no pensaran en la mejora continua, el mundo que conocemos no sería el mismo. Solo yendo desde los avances científicos, el conformismo habría calado en el inventor del teléfono y quienes estaban ligados a esa investigación, limitando al desarrollo y mejora para alcanzar los medios de comunicación eficientes que conocemos en estos tiempos; las computadoras seguirían teniendo el software y hardware primitivo con los que se crearon, limitando todos los avances tecnológicos de la actualidad.

Para conseguir nuestra mejora continua en todos los ámbitos de nuestra vida, tendremos que optimizar todo lo que hacemos, considerando para ello las fortalezas y debilidades que poseemos, ya que, es de nosotros desde donde deben partir todas las acciones que ocurran.

¿Qué pasos debo desarrollar para conseguir mi mejora continua?

Para realizar un proceso de mejora continua correcto, debemos realizar los siguientes pasos:

1) Establecer qué aspecto de nuestra vida queremos mejorar: Ya mencionamos que todo se puede mejorar, sin importar los resultados sean desfavorables o favorables para nosotros. Para iniciar un proceso de mejora continua es necesario tener en claro dónde apuntaremos nuestros esfuerzos, es la única manera de dirigirnos efectivamente sin pérdida de tiempo.

Por ejemplo, supongamos eres un futbolista que se desempeña en la función de delantero, deseas incrementar la cantidad de goles que haces por año, y ese será tu punto de partida para comenzar el proceso de mejora continua.

2) Evaluar la situación actual: Es importante conocer en qué situación nos encontramos para determinar cuáles son los puntos fuertes y flojos con los que contamos. Es aquí donde entra nuestra capacidad de identificar los patrones que manejan nuestros resultados.

Continuando con el ejemplo del futbolista, pueden existir dos opciones, la primera que la situación actual refleje poca efectividad en la concertación de goles, o que la efectividad sea alta, según ello podremos considerar como punto de partida distintos detalles que nos permitirán diseñar la mejor estrategia.

3) Recoger información: Ahora que tienes claro si la situación general es buena o mala, lo siguiente a efectuar es obtener la información detallada de los resultados que estás obteniendo. Por ejemplo, en el caso que mencionamos como futbolista, estés haciendo goles o no, cada participación dentro del campo de juego deja datos estadísticos que puedes evaluar, como el de la velocidad que tienes al momento de disputar el balón, la cantidad de pases que realizas, cuántos goles haces de cabeza o con el pie, cuántos goles por balón parado o de centro en movimiento,

en qué sector del campo haces más goles, entre muchos otros datos que te darán la luz para entender en qué situaciones tienes más o menos probabilidades de concretar un gol.

4) Analizar la información: Con la información a tu disposición, puedes ahora inferir por qué es que no estas consiguiendo mejores resultados. En el caso del futbolista quizás esté posicionándose mal a la hora de recibir los pases para quedar en situaciones claras de gol, o el salto para cabecear las pelotas aéreas no sea el suficiente para superar a los rivales; aquí sabremos entender la situación concreta que nos dificulta conseguir el resultado esperado.

4) Determinar qué aspectos puedes mejorar: Ahora que tenemos claras las situaciones concretas que nos dificultan conseguir nuestros objetivos, es momento de hacer una lista de qué cosas debemos de mejorar para cambiar la situación actual a nuestro favor. El caso de futbolista en las pelotas aéreas, considerando que cuenta con una estatura importante respecto a sus rivales, su problema nace por la falta de potencia en las piernas a la hora de saltar.

5) Establecer estrategias para mejorar: Es de vital importancia desarrollar adecuadamente

este paso, porque es aquí donde se darán las pautas que se aplicarán. Considerando el aspecto a mejorar por el futbolista del ejemplo, necesitará mejorar su potencia de piernas, la estrategia para hacerlo será aplicando rutinas de entrenamiento especiales tanto en el gimnasio como en el campo, donde se priorice desarrollar la musculación que necesite, y la forma de salto que realizará.

6) Aplicar las estrategias: Con nuestra estrategia desarrollada es momento de aplicarla, al haber trabajado aspectos que potencian nuestras capacidades y eficacia, los resultados deberían mejorar; sin embargo, como se mencionó en un principio, siempre se puede mejorar cualquier cosa que hagamos, después de este paso podríamos retornar nuevamente al primero.

Beneficios de la mejora continua

La mejora continua nos traerá siempre beneficios que potencien nuestras acciones, entre estos beneficios los más resaltantes son:

- Mejorar los aspectos que necesitamos.
- Aumentar la eficiencia de nuestras acciones
- Disminuir los errores que estamos

cometiendo.
- Reducir el tiempo para obtener los resultados que esperamos.
- Conocernos mejor.

Resumen del proceso de éxito

El éxito tiene un patrón definido que nadie puede negar, y por el cual todos tienen que pasar. Por ello, es fácil definir en pocas palabras lo que abarca este proceso.

Todo proceso de éxito inicia con la necesidad de cumplir nuestros sueños, por tal, comienza en nuestra mente. Cada persona definirá lo que es el éxito para ella misma, y aquí es donde nace el proceso. Claro está, para afrontar las situaciones que necesitamos superar, requeriremos de herramientas en las cuales podamos amparar nuestros objetivos. En resumen, un proceso de éxito solo podrá iniciar si se tiene clara la dirección a la cual tenemos que dirigirnos.

Una vez tengamos nuestros ojos con el enfoque claro de que queremos conseguir, es momento de dejar de lado cualquier factor endógeno y exógeno que interfiera en el inicio de nuestras acciones. Para lograrlo, tenemos que tener una mente lo suficientemente fortalecida, la cual no detenga nuestro proceso sin importar los acontecimientos que se den. Esta etapa la podemos llamar como "deja de pensar y actúa".

La vida no es perfecta, por ello, si bien con nuestras fortalezas hemos creado estrategias que nos faciliten avanzar en el recorrido del proceso, estas pueden fallar. Y más allá de que tengas una mente fuerte que mantenga tu convicción para no desistir, debes tener muy presente que cuando fallas o te equivocas, significa que estás actuando. Como consecuencia, pueden surgir diversos factores que desconoces y aún no puedes controlar, los cuales a su vez te pueden inducir al error. Justamente este error es parte de tu proceso de éxito, nadie nació con un conocimiento absoluto de las cosas, por supuesto que puedes prepararte para incurrir en menos errores, pero cuando los cometas, debes aprender al máximo de ellos, asumirlos como pequeños tesoros llenos de poder, será la única manera garantizada que te llevará al éxito.

Una vez asimiles los nuevos conocimientos provenientes de tus errores, llega la siguiente etapa de tu proceso de éxito, la cual es "hazlo otra vez o vuelve a intentarlo". Esto significa que no basta con aprender de nuestros errores, si realmente estamos enfocados en cumplir nuestras metas (sueños), tenemos la obligación de volver a intentarlo. Quizás en el segundo intento o tercer intento no consigas obtener lo que buscas, pero serás consciente de los avances que tendrás, créeme, llegará el momento en el cual conseguirás lo que tanto anhelas. El éxito que mereces, y por el cual estás trabajando, estará allí, esperando por ti.

Conclusiones

A lo largo del libro hemos visto los pasos que necesitas hacer para conseguir el éxito que estás buscando obtener. Sin embargo, ninguno de los conocimientos aprendidos servirá de nada si tú no inicias el proceso. A lo largo de toda nuestra vida vamos acumulando información en diversas índoles, sin aplicarlas a nuestro día a día. No hagas que esta información sea parte de ese grupo de datos recabados previamente, sobre todo cuando aplicándola podrás tener lo que tanto sueñas.

La mente humana es frágil y ello la lleva a olvidar fácilmente. Esta no debe ser razón para quedarte en el punto donde te encuentras ahora. Recomiendo que inmediatamente utilices una libreta de apuntes, en la cual puedas plasmar todos los pendientes que tienes que hacer para crear el ambiente adecuado para iniciar tu proceso de superación personal.

Es inevitable dejar de mencionar la importancia de nuestra fortaleza mental para conseguir nuestras metas, por ello te invito a darle el valor que merece ese punto tratado en el paso 4, la fortaleza mental alimentará tu motivación, y la motivación a su vez te permitirá asumir cualquier reto, por más largo o difícil sea.

Ahora que conoces el proceso de éxito con cada uno de sus pasos, es momento de comenzar a aplicarlo.

www.ingramcontent.com/pod-product-compliance
Lightning Source LLC
Chambersburg PA
CBHW070434220526
45466CB00004B/1667